I0624249

صندوق قديم ما إن تنظر داخله حتى تقول...

عيني يا عيني

عبدالعزيز حمزة

الأبعاد الرباعية للطباعة والنشر والتوزيع المحدودة
Quad Dimensions Printing & Publishing
المملكة العربية السعودية ـ جدة
الرقم الموحد: 920004119 966+
info@sibawayhbooks.com

(ح) عبدالعزيز حمزة عبدالعزيز، 1436هـ
فهرسة مكتبة الملك فهد الوطنية أثناء النشر
عبدالعزيز، حمزة عبدالعزيز
عيني يا عيني- جدة.
ردمك: 978-603-01-7626-7
القصص القصيرة العربية – السعودية
ديوي 813,019531   1436/3476

الغلاف من تصميم سيبويه

لأن أتعثر في طريق مظلم...

خير لي من أن أسير في طريق

أُضيئ بمشاعل الآخرين.

عبدالعزيز حمزة

الإهداء...

إلى كل من يرى في الآخرين جمالاً
مهما بلغت بشاعتهم.

المقدمة...

عيني يا عيني مجموعة من الملاحظات القصيرة وخواطر مرسلة، واقعية لدرجة أنك تستطيع لمسها بأطراف أناملك وإنسانية لدرجة التشكيك.
منها المباشر ومنها غير المقصود بها أحد سواك، لذا تم تغليفها بإيماءات فلسفية والكثير من الغمزات، وبعضها حمل شيء من السريالية لأولئك الذين يرون العالم كمكعب من الثلج، فهناك من يقول: "حرارة الثلج وآخر يقول برودة الثلج!".

اقتبست الكثير مما كتبت من الواقع والقليل من الخيال الواقعي الذي حمل فوقه صفات إنسانية راقية غاب منها القليل وانقرض منها الكثير، لذا قد تجدوا بعض التوافق والتطابق غير المقصود به أحد، وهذا إن يدل فإنه يثبت أننا من البشر نتصل جميعاً بخيط شفاف من الحرير، لا يُرى ومن الصعب قطعه، فلا نستغرب الأحداث ولا شخصياتها فقد نكون أحدهم في الماضي أو حتى في المستقبل...

طلعت يا محلا نورها

الشمس نجم ملتهب درجة حرارة سطحه *6000* درجة فهي تضيئ الأرض وتدفئ القلوب والأجساد وتعتبر معقم فعّال للميكروبات والجراثيم...

أعتدت كل صباح أن أصنع قهوتي بيدي ثم أجلس إلى عقلي وأحدثه بكل أسرار نفسي...

الحياة حديث مستمر لم نعد نمارسه خصوصا مع عقولنا... حديث مع العقل هادئ راقي وأنيق... فكن طبيب عقلك النفسي الذي تثق فيه ولا تنسى أن تستمع إلى ما تقوله نفسك لكن لا تثق بها.

واعلم أن عقلك هو حافظ أسرارك، فعندما تتاح لك فرصة الانفراد به لا تضيعها وإذا شحت الفرص أخلقها، فلن تجد أجمل من جلسة فردية على كوب من القهوة معه تتجاذبا أطراف حديث الحياة تحت شعاع الشمس الدافئة في كل صباح وليخسأ الخاسئون.

***

عندما نخلوا بعقولنا نصبح أجمل.

الخرشوف

قالت: لدي إحساس قوي أني مهترئة من الداخل وكأني حبة خرشوف مسلوقة!
قال: وطي النار شوية على نفسك.

لا تهزأ بما يقوله الآخرين فإجاباتك مقياس لمدى اهتمامك، لا تصغي لجانبك الساخر دائما مهما سمعت، خذ ما سمعت بجدية واهتمام فأنت معلّق بردود أفعالك اللفظية وأحيانا الحركية، فالإنسان مجموعة من ردود الأفعال تحدد عادة شكله وأبعاده الفكرية والثقافية فاللامبالاة وعدم الاهتمام سرطان العلاقات الإنسانية، فلا تتكهن وتضرب الرمل في معرفة النوايا خلف السؤال فقد تخرج منك إجابة في غير محلها بل تقبل السؤال على حالته المجردة ولتكن الإجابة على قدر السؤال...

فالإجابة تعطي تصور عام لأبعاد عقلك، ولا تنسى أيضاً أن السؤال فن... فكلما كان السؤال واضحاً ومباشراً جاءت الإجابة شافية شفافة ووافية.

***

أصدق أشيائي قلبي ومرآتي.

2011 إيه الحلاوة دي

عام بدأ بأحداث رسمت على وجوهنا علامات تعجب واستفهام وعلامات أخرى غير معروفة، هذا العام لم يتخصص في السياسة فقط كإنهيار الأنظمة العربية لكن كان له تأثير علينا نفسياً وعقلياً! فالناس اختلفت في 2011، أصبحت أكثر اندفاعاً نحو الشرانية، وضاقت أنفاسها، أصبحت أكثر إزعاجاً وانزعاجاً، هل بسبب ارتفاع درجة حرارة الأرض أم بسبب تأثير بعض الكواكب على أمزجتنا؟ لا أعتقد!

أعتقد بسبب استشراء الفساد بجميع أنواعه على الصعيدين الشخصي والاجتماعي والفساد هنا أقصده بتعريفه المطلق مادي وفكري وثقافي وأخلاقي الخ!

2011 كانت أيضا سنة المطالبة بالحريات الفردية والجماعية بجميع أنواعها، يبحث الكثير عن أرض واسعة من الحرية وبدون حدود! لكن تذكرت أن العرب أكثر الشعوب مطالبة بالحرية والأسوأ على الإطلاق ممارسة لها.

***

قال لوطنه: لماذا؟

فلطمه وطنه... !

فقال لوطنه: لا!

فجرده من ملابسه!

(فلم يجد في وطنه شجرة توت واحده)

حبي ومستقبل غيري

أشياء كثيرة في حياتنا نخاطبها بهذه الجملة التي تحمل الكثير من السلبية والإحباط... إما بصوت مرتفع أو نهمس بها داخل عقولنا... جملة تحمل واقعاً مريراً لكنها وبكل تأكيد تبقى واقعية لا يدخلها مجالا للشك، فدائماً الحدس الأول هو الأصدق!
فلا تزرع شيئاً وأنت على علم أنك لن تستطيع حصاده بنفسك وقد يحصده غيرك!

لا تزرع في أرض تعلم مسبقا أنها ليست لك.
أزرع في أرض تملكها بكل جوارحك.
أزرع في أرض تقدِّر جهدك وتثمن جفاف وشقوق راحتيك.
عندها سوف تهبك حصاداً لك وحدك لا مثيل له.

***
إذا هاتفك الماضي في أي زمان أو مكان،
فلا تجيب، فليس لديه ما يستحق سماعه.
الحكمة

"ضالة المؤمن" والبحث عنها مطلب أساسي في الحياة، فالبحث والحكمة ركيزتين رئيسيتين تكون الإنسان، عملية البحث في حد ذاتها ليست المشكلة فيولد الإنسان بجين البحث والسبر، السؤال "أين تبحث؟"

فإذا افترضنا أنك تبحث في الأماكن المظلمة فلن ترى شيئاً، وإذا كنت تبحث في الخرابات فعليك تصور ما ستجني يداك! فتحديد المكان الخطوة الأولى الهامة في مشروع البحث وحتى يكتمل بالصورة التي تنشدها.

والمكان يحدد شخصية الباحث ويرسم شكل أهدافه فمن السهل التعرف على الأخرين من خلال الأماكن التي نراهم يبحثون فيها عن الحكمة فنستطيع وبكل سهولة الحكم عليهم ليس من خلال نوايانا ولكن من خلال أفعالهم.

***

يا من اخترت لقَدرِك موطناًً في القاعِ
إنّ العَسَلَ لا يُسْتَخرج من عُرُنِ الضباعِ

الاستخدام الأمثل

دائماً يطيل عمر الشيء، ويبقيه بعيداً عن أي شوائب قد تلتصق به، فيصبح دائم الفعالية يعطي النتائج المرجوة منه بإستمرار، وهذا لا يتأتى إلا بالاهتمام بكل الجوانب والزوايا والثنايا الضيقة التي تستهلك الكثير من الوقت ... لا يقوم بذلك سوى مُحب، شغوف، عاشق، مُولع بشيئه – هكذا لابد أن تكون علاقتنا بقلوبنا وطريقة استخدامنا لها الاستخدام الأمثل.

***

كل حدث في حياتك له باب...
سيصبح مصيراً محتوماً عندما تقرر إغلاقه بيدك.

الحجم لا يهم!

امرأة بدينة دخلت أحد المحلات النسائية قالت للبائع: هل أجد من هذا الفستان مقاس 40؟

قال: سيدتي لو افترضنا جدلا وفكرنا خارج الصندوق الأسود، فيزيائياً وميكانيكياً وإيروديناميكياً، من المستحيلات الميتافزيقية أن تُطرحي داخل هذا المقاس!

الدفع بالاقتناع من الوهلة الأولى هو ''آفة العقل'' والتي يعاني منها الكثير ... إلقاء الأحكام والتصور الذهني المسبق الذي نبنيه في عقولنا عن الأخر سيعيق ولوج الحقائق إلى أدمغتنا، فأراؤنا وقناعاتنا التي تكونت عبر الأزمنة ومن خلال موروث تربوي معوج أو تجارب سابقة سلبية ما ينتج نوعية نظرتنا للأخرين.

"لا تحكم" على الأشكال الظاهرية، بل أحكم على الأفعال وقبل أن تفعل قارنها بالأقوال، بهذه الطريقة إن وجدت تبايناً بين القول والفعل، عندها سوف تصدم بالحقيقة القاسية، لكن حكمك سيكون في محله الصحيح.

الأشكال والأحجام مغرية لإطلاق المحصلات النهائية الذهنية، فكم وسيماً تراه برفقة "فرقاطة"، وكم قدٌ ميّاس ووجوه حملت إبتسامة الموناليزا برفقة "باندا" في الشكل واللون!... ببساطة، أولئك وجدوا شيئاً لم نستطع نحن أن نراه فيمن اختاروا... فحافظ على جمال ما تراه جميلا بقناعة الرضى وحسن النوايا ولا تبالي.

***

إن جمال القلوب تعكسه روعة ساكنيها.

انت تاج راسي..!

قالت: إنتَ تاج راسي.

قال: يخرب بيتك ... شو كِدابي إنتِ!

التبرير والمبررات والأساليب الدفاعية والهجومية والكر والفر في المواجهات هي منتجات صنعها الإنسان ليحيط بها نفسه ويجلس داخلها لفترات طويلة من حياته بحثاً عن الحماية من الآخرين الذين يحبون رفع الأقنعة وسحب الأغطية ... فكلما خرجوا من تلك القلعة ليستنشقوا الحقيقة المطلقة التي في أنفسهم، عادوا إليها مسرعين وكأنهم سلطعون على شاطئ البحر يعود مسرعاً لجحره كلما أحس بخطوات أقدام أو خطر يهدد محيطه – يحيط بعض البشر أنفسهم بحزم واهية تفرزها عقولهم الوقحة على شكل قلاع وحصون يقبعون داخلها، وهي وكما يزعمون نتاج خبرات مأساوية سابقة مروا في حياتهم من خلال بواباتها المظلمة، هؤلاء كذبوا على أنفسهم وحملوا كذبتهم فوق رؤوسهم ليراها الناس فسخروا منهم وخسروا هم ضوء الشمس والهواء النقي خارج جحورهم!

***

قال لها: جرحتي قلبي!
فقامت، فغابت، فعادت، بأظافر مقصوصة.

مو على كيفك!

جملة رائعة فقط إذا أردنا ذلك، ووضعت في محلها الصحيح وآمن بها فعليا قائلها على أن لا تكون مجرد جملة إفتتاحية لبدأ مضاربة أو لجذب الانتباه أو الإعلان عن خدعة مغلفة بورق سولوفان يعكس ضوء القمر في ليلة خميس...

"مو على كيفك" تعني أنني سوف أمنعك من أن أخسرك، من تدمير ذاتك، من معاقبة نفسك، من توجهك نحو الطريق الخطأ من اتخاذك لأي قرار غير صائب... جملة تُحيي القلوب الهامدة والجثث الباردة في هذه الحياة عندما تُقال بصدق واقتناع مهما كانت الظروف المحيطة معناها ‹‹أنا أهتم وسوف أغيَّر منك للأفضل›› ولو طال الزمن.

***

هو لا يعرف كم أحبه...! وهذا سر هو لن يبوح به.

16

أنا آسف..!

لا يرفضها إلا جاحد مُلئ قلبه بظلمة ثقب أسود يبتلع كل مضيئ، هو ثقب في القلب يمتص كل اللحظات السعيدة وكل أعمدة الخير وكل الألوان الناصعة!

الاعتذار هو أسمى أفعال الإنسان على الإطلاق ...

الاعتذار أساس الإنصاف والعدالة مع النفس والآخر أياً كان هذا الآخر، إنسان حيوان نبات جماد ـ"آسف" كلمة تزيح جبال الضغينة والحقد عن مواضعها، كلمة لها القدرة على أن توقف الزمن، لها شعاع كشعاع الشمس يسطع داخل كل مظلم ... قوتها تكمن في صدقها، إذا قيلت فقط في حق من يعرف معناها ويقدر حقها ويسمح لها بالدخول...

وتفقد تلك القوة العظيمة إذا وجهت لشخص ناكر مظلم القلب والعقل ... لا تفكر مرتين في تقديم الاعتذار لمن يستحق، فهذا ما يجعل منك إنسان.

***

لا تختلط بالذين لا يكترثون...

فيصيبونك بالجنون!

17

عـواطف..!

مين عواطف دي؟ عواطف هي أساس المأساة التي نجلس معها وداخلها، معظم أقوالنا وأفعالنا تخرج من خلال باب "العواطف"! وبالتالي تصبح مخرجات أرائنا متناقضة عادة، تحمل الكثير من الضبابية وتلقي بنا في دوامة المناقشات العقيمة والحوارات اللانهائية، المواطن العربي يحمل أطنان من العواطف وهذه الكمية التجارية والمعدة مسبقاً للتصدير هي السبب الرئيسي للكثير من الإخفاقات العربية وهو المسبب للضبابية والتشويش والتناقض في الفكر والثقافة العربية ومخرجاتها، والتي تحمل الكثير من الازدواجية، العواطف بيئة خصبة تنبت فيها أشجار "العزة بالإثم"... إذن يحتم علينا الأمر وحتى نرقى بثقافتنا وتتوازن مخرجات آراءنا أن نتوقف عن رؤية الأشياء عبر منظار عواطفنا وأن ننظر للأمور بعقلانية وموضوعية وبأكثر واقعية وإنصاف ووضوح وأن لا نغلب العاطفة التي أدت وعلى مدار التاريخ العربي إلى مشاكل كبيرة في فهم الذات وفهم الأخر، فإن أشرع المعارك تلك التي لا دماء فيها.

***

الشعوب العربية عاطفية لدرجة الدموية!

البارانويا..!

قال: رأيتك تضحكين معه!.

قالت: غلطان ... يا بارانويا!.

الپارانويا مصطلح استخدمه أبقراط لوصف أحد الأمراض العقلية، واستخدمه فوجل سنة 1794 للدلالة على اضطرابات العمليات الذهنية. وعرفه إميل كريبلين على أنها ذهان يتميز بوجود هذيان ومشاعر الاضطهاد والتتبع.

هي مجموعة استنتاجات خاطئة تُرسخ لدى المصاب بها معتقدات غير سوية ... لكن أعلم أن هناك فرق بين البارانويا والحدس! وهذا ما يختلط على البعض ... سوف تجد من يتهم حدسك ويقينياتك بأنها ضرب من البارانويا والذهان وأنك ترى أشياء غير حقيقية، ويقوم بذلك فقط حتى يزيح عقلك من موقع اليقين إلى موقع الشك في كل ما تراه وتسمعه وتلمسه! فإن صادفت أمثال هؤلاء تأكد أن ما تشعر به هو يقين مؤكد وحدسك في محله، والسبب لأنك كشفت عن أحد أقنعتهم فسوف يحاربوك ويشهروا بك بأنك مريض عقلي، فقط أتركهم لبعض الوقت وسوف يفضحون أنفسهم بأيديهم فمثل هذه الخطط لا تدوم.

***

لا تبحث عن محبٍ   كالظل...
لا تجده في الظلام.

19

معزوفة الهواء

فتح سقف السيارة وأخرج يده منها وأخذ يحركها في الهواء فأصدرت صوتا إيقاعيا جميلا، فأخرجت يدها معه ليعزفوا سوياً معزوفة أسموها "معزوفة الهواء.

ماهي السعادة؟ ... هذا السؤال الذي حير العالم، ليس لأنه سؤال صعب، لأن جميع الإجابات عليه تأتي مختلفة! – فما أن تلقي هذا السؤال على عدة أشخاص ستفاجأ بتباين الإجابات فالسعادة أمر نسبي، وهذا أمر طبيعي فكل إنسان ينظر إلى السعادة ويعرفها من وجهة نظره الشخصية من خلال ممارساته أقوالا وأفعالا ومن خلال علاقاته الإنسانية التي مر بها وتذوق من خلالها طعم السعادة أو العكس، هي عبارة عن تشكيلات من الأماني والطموح ورؤية للمستقبل حمل أهدافاً تستجلب السعادة، هي عندما يتقاسمها اثنان كل منهما مصدر سعادة للأخر فالسعادة أن نتقاسم ما نحب مع من نحب.

عندما سُئل أحدهم: صِف لِيَا السعادة؟

فأجاب: "........." (فذكر اسم من يحب).

***

في وجودهم معنا، يصبح لكل شيء معنى.

ماضيك سوف يطاردك!

يقول: Kong J. Francis من خلال القصة التالية:
ذهب رجل إلى السوبر ماركت فلاحظ امرأة جميلة وجذابة تلوح
له من بعيد قائلة: مرحبا. أنتاب الرجل شعورا بالإحراج وهو
يحاول جاهدا تذكر أين قد يكون شاهد هذه المرأة أو اجتمع بها!

- فقال لها بعد إجهاد عقلي في استجلاب ذكراها: هل
  تعرفينني؟

- فأجابت المرأة: أعتقد أنك والد أحد أطفالي.

الآن، عقله يسافر إلى الخلف بسرعة الضوء داخل أنبوب زمني
لولبي حلزوني، نحو تلك الفترة الزمنية من حياته التي كانت فيها
أفعاله الأخلاقية وإخلاصه ليسوا ضمن اهتماماته!

- فيجيبها وقد على وجهه علامة إستفهام كبيرة قائلاً: يا إلهي، هل
  أنتِ تلك المرأة التي جاء بك صديقي "الصايع" في الحفل الذي
  أقمناه في شقته، وكنا جميعاً في حالة سُكر؟، هل قمت بشيء
  معك سوف أندم عليه طيلة حياتي؟

21

● فتنظر المرأة بإندهاش إلى عينيه اللتان ملؤهما الخوف لتقول وبكل هدوء: لا... أنا لست أنا تلك المرأة، أنا معلمة ابنك!

بطريقة ما سوف يأتي ماضيك ليطاردك في أي مكان وزمان وسوف يختار هو أرض المعركة وحتى نوع السلاح، ربما لأنك لم تكن مستعداً له ومستحضراً تفاصيل ماضيك بخيره وشره، فمعارك الماضي فجائية وصادمة ومؤلمة عادة.

بكل تأكيد لقد قمنا بأفعال غبية ومخجلة في حياتنا، التي نتجنب ذكرها والحديث عنها حتى مع أنفسنا، وهذه هي الحقيقة الصادقة، هذه الأفعال لسنا فخورين بها في حياتنا ولو كان لدينا المقدرة على مسحها من كهوف عقولنا لفعلنا، لكنها لا تزال تظهر لنا على هيئة أشباح، من الصعب طردها إلى الأبد أو حتى التخلص منها مؤقتاً.
فكيف نتعامل مع أشباحنا؟

استغفر، أظهر التوبة والندم، عوض عنها بأفعال معاكسة، ومن ثم أمضي قدماً، لا يمكن لأحد أن يعيش حياة سعيدة إذا ما استمرت اشباح الماضي تتلبسه في كل يوم وليلة.

لا تعيش في الماضي، فقد كنت هُناك... واحرص على التحرك

للأعلى فالأمام مكتظ بالكثير.

إن الله عز وجل هو إله الفرص المتعددة، فهناك باباً كبيراً يسع

كل شيء، تجده في قوله تعالى:

(إِلَّا مَنْ تَابَ وَآمَنَ وَعَمِلَ عَمَلًا صَالِحًا فَأُولَٰئِكَ يُبَدِّلُ اللَّهُ سَيِّئَاتِهِمْ

حَسَنَاتٍ وَكَانَ اللَّهُ غَفُورًا رَحِيمًا).

***

الخيانة لا يبررها إختفاء الحب!...

فهناك فرق بين فراغ القلب من الحب

وفراغه من الفضيلة.

إني أُحبك!.. وأنا كذلك

أجمل ما في العلاقات الإنسانية حوارها فيما بينها، وهذا ليس حكرا على الإنسان فقط بل يتعداه ليشمل جميع مخلوقات الرب ـ فالحيوانات على سبيل المثال حوارها أفعال تراها وهي تتقافز مرحة في جو تغمرهم فيه السعادة أو عندما نشاهد أشجاراً قد تعانقت أغصانها وتركت نفسها لتتمايل مع نسيم الغروب وهو يداعبها فهذه النسائم تخرج أجمل رقصاتها.

فعندما تلقي بتحية الصباح على شخص ما وتقول: "صباح الخير!" ويأتيك الرد ليدغدغ أذناك وقلبك بي: "يا صباح الفل يا سيد الكل" ـ لها فعل السحر فهي تجلي عن القلب الهموم وتنقشع بها كل الغيوم وتزهر بها بساتين الروح.

الأن ـ عندما يقول لك شخص **إني أحبك** فتأكد أنه ينتظر منك ردا لا يقل عن 9 درجات بمقياس ريختر، يهتز له قلبه ويبعثر تلك الفراشات الصغيرة التي ملأت بطنه، فهذه الكلمات تستحق هذا الزلزال.

***

الأشياء الجميلة دائماً تصل متأخرة،
فهنيئاً للمنتظرين.

مع نفسك..!

- عندما تفرض على الآخر رأياً أحاديا لا يمثل إلا نفسك.
- عندما تعمم المسألة ولا تستثني أحداً وتختم هذا المغلف بالقسم و الآيمانات.
- عندما تأخذك العزة بالإثم وتبني جداراً مرتفعاً بينك وبين الأخر ولا تعتذر.
- عندما تجعل من الإنكار هواية.
- عندما تظهر علمك بشيء وأنت جاهله.
- عندما تختلط عليك المسميات والتعريفات وتصر على تعريفك الشخصي للأشياء.
- عندما تطلق العنان للسانك وتغلق أذنيك.
- عندما تطفئ شمعة عقلك وتتبع أضواء الآخرين.
- عندما تصمت وأنت قادر على القول.
- عندما تسمع بأذن واحده لطرف واحد.
- عندما لا ترى الألوان بوضوح.

● عندما تكون ظِلاً.

***

مراتع العقل حقول المعرفة.
ومراتع النفس خرابات الفراغ.

دا زي أخويا!

يصنع البعض لأنفسهم دليل استخدام يستمدون أفكاره وبنوده من تلك التجارب التي مروا بها، و وضعوه على الأرفف القابعة داخل عقولهم المظلمة والتي علاها الغبار مع الزمن! فيصبح هذا الدليل هو جسر التواصل مع الآخرين، لا منطقية ولا عقلانية فيه، فيجبروك على تقبلهم وأن تتعامل معهم بناء على هذا دليلهم الفاشل.

تكمن المأساة في أن كون هؤلاء يعرفون تمام المعرفة أن محتويات دليل الإجراءات والسياسات هذا يحمل بين طياته الهراء، ولن يقبله العقلاء والمتوازنين فكرياً وثقافياً، لكنهم ومع ذلك يستمروا في إقناع الأخرين بأنهم على صواب عبر حزمة من المبررات والأعذار الدفاعية اللانهائية، فأمثال هذه الشخصيات في كل مكان ونراهم بيننا وعلى جميع الأصعدة، علاجهم الوحيد هو ضربة قاضية من الحياة إما توقظهم وإما تقتلهم، وهذه نتيجة حتمية لكل من تسول له نفسه بأن يتلاعب في "جين" مبادئ أخلاقياته وإنسانيته وفطرته - "الشِبشب ثيرابي" علاج فعّال وناجع لهؤلاء!

***

تسمي المرأة الخداع فِطنة والغباء رجل.

الكنبه..!

''الكنبه'' هو مقعد قد يجلس عليه شخصين أو ثلاثة، وممكن يتمدد عليها واحد ... حياة الإنسان ''كنبه!'' ــ إما واحد أو اثنان أو ثلاثة، لاتكن وحيداً في هذه الحياة حتى لا تفقد ذلك البريق الذي ولدت به ويلمع في أطراف عينيك، ولا تكن ''كنبتك العاطفية'' من ذوات الخمسة راكب لأنك عندها سوف تفقد إحساس التوازن العاطفي ... اجعل كنبة حياتك من ذوات الشخصين ... عندها سوف تستطعم حلاوة الاهتمام والتركيز في إتجاهين فقط... فلا تملأ غرفة حياتك بقطع الأثاث فيصعب عليك التحرك داخلها... تكفيك كنبة لشخصين لذلك سُميت: Seat LOVE.

***

الحب لا يصنع المعجزات...
اثنان يصنعان معجزة الحب!

سباق الحمّام..!

من طبيعة الإنسان حنينه إلى الطفولة وألعاب الماضي واجترار الذكريات ذات الألوان القرمزية ...

كذلك هو حنيننا لكل لحظة سعيدة رائعة تنساب خلال جميع مراحل حياتنا... لكن قلة هم من يروها ملونه وقلة هم من لا يتركوها تنزلق من بين أيديهم ليحافظوا على عبق قديم من هذا الماضي الجميل...

لنحول كل أفعالنا مع من نحب إلى لعبة، تبدأ بإبتسامة وتنتهي بضحكة مجنونة من القلب، لعبة لا يعرف قوانينها ولا طريقة حساب نتائجها إلا نحن ومن نحب.

عندها وعندما ينظران في أعين بعضهما عن بعد وهما بين الناس، فيبتسم كل منهما نحو الأخر، لن يعرف معنى هذه الابتسامة ولا يستطيع فك طلاسمها أحد سواهما.

***

إذا كلانا ينظر لنفس القمر...

ويتنفس نفس الهواء...

ويقف تحت نفس السماء...

إذن نحن لسنا مستحيل.

عيني يا عيني

كتبت له في رسالة خاصة: "انت عارف إننا ما شفنا بعض!"

دعوة للقاء مفتوح ومقابلة شخصية خارج حدود المألوف حتى يتمكن صاحب الدعوة من استخراج وسبر أعماق المدعو باحثاً عن النقاط الإيجابية والسلبية ونقاط الضعف إجابة السؤال الهام: "هل المتقدم مقبول حسب تقييم شركة العار أم لا؟!" ومن ثم سيبني عليها قرارته المخزية النهائية، ليكتشف المدعو أن الدعوة لم تكن سوى مقابلة شخصية ولم تكن الأولى للداعي، فقد سبقه الكثير من أمثاله!

عندما نسمع قصص هؤلاء نصاب بالغثيان والاشمئزاز والشفقة عليهم وعلى أنفسنا بما أحدثوا وأجرموا في حق قلوب الكثير... هذا حال البعض مع هذه النوعية من مسوخ البشر.

هؤلاء يعيشون حياة الإنكار لفظتهم عقولهم ونبذتهم قلوبهم وحملت أجسادهم علامات الجلد والتعذيب والجروح المفتوحة التي لم ولن تندمل ... هؤلاء لم يقدروا قلوبهم حق قدرها.

***

استجمعت قواها ولملمت أشلاءها
وتحاملت على نفسها المعلولة
فجلست تحت المصبْ
لعله يطهر ما تراكم على جسدها من غضب الربْ
فأنهمر كسياط الآثمين على جسد
وكلما أختفى الألم...
بحثت عن جلاد ومدد.
لستِ   كباقي النساء

هناك أشخاص من المستحيل إحلالهم بآخرين مهما بلغوا الأخرين
أعلى نسب الكمال البشري ... فهم إما يبقوا معنا وإما يتحولوا
إلى   ذكرى   أنيقة   لا   تنسى.

كل جديد سوف ينقض عليه الزمن بأظفاره الحادة فيصبح قديماً
يحمل آلاف الندوب لا محاله، لكن هذه القاعدة ليست مطلقة، ومن
شواذها أن يبقى الجديد جديداً دون إحلال، ليس له بديل، فقط إذا
كنا نحمل في قلوبنا وعقولنا كنز القناعة وحسن الرضى.

***

من الغباء أن تتكبد مشقة الوصول
لشخص لا تراه يتحرك نحوك!

15 يونيو 2011

يوم خسف فيه القمر! هو من الأيام المشهودة للكثير، والتي لن تنسى للبعض، فلو فلسفنا ذلك اليوم سأقول: أن ضوءاً ما في حياة شخص ما قد إنطفأ في تلك اللحظة.

لكن عزاؤه أن الخسوف عادة يتلاشى سريعاً وينقشع ليعود ضوء القمر أقوى سطوعاً، فيسقط على قطع الذهب تلك التي حملتها بعض القلوب داخلها.

***

في تلك الليلة:

أحضرت قهوة السهر
وضعتها وجلست
تبحث عنه فيها
فأطالت فيها النظر.

فتذكرت!

أن فناجين القهوة لا تقرأ إلا وهي فارغة
تجرعتها... تحملت مرارتها.
فرفعت الفنجان... ونظرت بإمعان.

فاستعصت عليها الرموز والطلاسم
فصنعت فنجاناً جديداً...
لكنها أضافت له ذكريات وقواسم!

الحوار أسلوب حياة

عندما نفهم هذه الكلمة ونعيها سيتاح للجميع طرح أفكارهم برؤية ثاقبة مستنيرة والتعبير عما يجول في خاطرهم من أجل تحقيق المزيد من الرقي والازدهار والنمو لهذا الوطن ورعاية أبنائه في مناخ يكون فيه الحوار قاعدة إطلاق للعمل والانجاز والعطاء.

الحوار كان ولا يزال هو الطريق الوحيد نحو العمل والإنجاز والعطاء بعيداً عن الانفعالات، وهو أحد القنوات المتزنة للتعبير عن الرأي، والاستفادة من كل الأفكار التي تطرح من أجل خدمة الدين والوطن، ومصدر هام للتعبير المسؤول وأداة فاعلة في محاربة التعصب والغلو والتطرف، كما أنه يعمل على إيجاد مناخ نقي تنطلق منه متنفسات المواقف الحكيمة والآراء المستنيرة التي ترفض الارهاب والفكر المنحرف عن الجادة المضيئة، ومعالجة القضايا الاجتماعية الهامة والحساسة التي تهم جميع أفراد المجتمع، إن الحوار هو الطريق الأمثل نحو المكاشفة والمصارحة بما يخدم الأهداف الإنسانية عامة.

كلام جميل ورائع لكن "**فشنك**" كله في الهوا، الكم سطر إللي فوق نقراهم في مقال كاتب منتهي الصلاحية، أو نسمعهم في افتتاحية مؤتمر عربي، أو على لسان مسؤول تنظيري!

إذا الحوار أسلوب حياة علينا أولاً إرساء تعريف واضح لا يخالطه أدنى إستفهام لمعنى "**الحياة**"، ومن ثم ننطلق منه نحو منح هذه الحياة للجميع دون استثناء، ثم نعرف ونحدد أركان وآليات "**الحوار**"، وبعدين نضم التعريفين ونقول بكل فخر نحن نملك مقومات "الحوار أسلوب حياة".

من الواضح على أرض الواقع أنه لا فيه حوار ولا حياة ولا حتى أسلوب!

فالننظر لحواراتنا اليومية بدءاً من البيت إلى العمل إلى الشارع إلى القنوات الاجتماعية والفضائية!... بالذمة في أحد شايف أي حوار؟!

***

إذا أردنا أن نصحح خطوات هذا المجتمع
فعلينا أولاً رعاية أقدامه.

مـن أنتم؟

- نحن ـ ننشر النعي في صفحة كاملة وبأعرض بنط، وننشر إبراء الذمة في أدنى زاوية وبأصغر خط.

- نحن ـ عاقبنا بستة أشهر سارق أغنام، وبنفس العقوبة حظيت طبيبة تخدير قتلت إنسان.

- نحن ـ دار الرعاية ودار الأيتام، قالوا: لم نرى إنسان!

- نحن ضحايا الفساد فأتهمنا ماء السماء... أوقفوا الإستسقاء.

- نحن العنف والتعنيف، اسمي؟ عبد اللطيف.

- نحن بالزأر والبطش أوقفنا التلف، نحن أحفاد السلف.

- نحن تاجر طامع جشع فقرنا والله أصبح بشع!

- نحن قُلنا لا للاختلاط، ولا يضير خارج الحدود بعض الانبساط.

- نحن القضاة، نحن العدل وللمظلومين باب، عفوا... الدفع في السرداب.

- نحن المتناقضين، نحن الحنان والرحمة، فقط لنساء الأخرين.

***

الذين يحملون التناقض في القول والفعل،
مثلهم مثل حمار يَسمع نهيقه صهيلاً!

الكيوي و الـوي وي

لا لا لا لا لا، هذه طريقة نطقها عندما تريد أن تنفي عن نفسها تهمة ما، تصبح لذيذة عندما تفعل ذلك ولا أحد يستطيع أن ينطقها كما تفعل هي، وبقدر استفزازها المستمر له استفزازاً عقليا ومعنويا وعاطفيا بقدر ما يستلذ هو هذا الاستفزاز لكنه لا يظهره لها لكنها تعلم أنه يحبها حباً لم تحظى بمثله في حياتها ولا حتى بعد مماتها.

هي تحمل صفة من أسوأ الصفات التي قد يحملها البشر والرخويات، فقد كانت محترفة وفنانة نقد وانتقاد، لم يسلم من انتقاداتها إنسان كان أو حيوان، حتى الجمادات والنباتات وإذا حدث ولم تجد شيئاً تنتقده انتقدت نفسها جهاراً عيانا.

فكان المحب المسكين يبتسم لها بكل هدوء كلما أطلقت صواريخها اللاذعة نحوه، وفي أحد الأيام، وبعد أن فاض كأس الصبر وانتهكت حدوده، وتحت وطأة وابل من الصواريخ والقنابل، أنفجر في وجهها الجميل بعد أن قالت له وهما مستلقيان على السرير الوثير، وقد تشابكت أيديهما، وهم يحتسيان كوبين كبيرين من عصير **الكيوي**: ليش ما تسوي (واكس - Wax) للشعر اللي في ضهرك؟

فانتفض الغلبان وقفز من على السرير فارتجفت الأركان، وألقى من يده كوب عصير الكيوي، وأرسل نحوها نظرة حارقة بعين نصف مغلقة وبحاجب مقرن مرفوع، حمل العزة والفخر وقال: لما تعالجي الحبوب اللي في ضهرك أول!... إذا شايفاني كيوي فأنا شايفك فراولة.

**

هو يشتكي بأنها شوكة،
وهي تشتكي بأنه شائك،
وكلاهما يستلذ الوخز !

المهلبية في الثورات العربية

الشعوب المقموعة تثور على حكامها الظلمة ومن ثم تعطي الحكم للأكثر ظلماً، وتزداد الفرقة بين التيارات الشعبية السياسية وتظهر للعيان كذبة الديموقراطية وتتضح خدعة العدل والمساواة، والمفارقة الحقيقية أنه يأتي من خلال صندوق الانتخابات!

طاغية الصندوق...
لم أرى ربيعاً عربياً حقيقياً، فهذه المقولة أطلقوها المتفائلون حد الثمالة، أو لعلهم أولئك الشامتون متهكمين ساخرين من العرب وأجواؤهم الصيفية الحارة...!
والحقيقة تقول بالفعل أنه صيف حار أحرق كل البساتين فماتت الأزهار وسقطت الأشجار متفحمة.
الديموقراطية أكبر كذبة صدقها الأحفاد في قصص ما قبل النوم وكتب الأبطال الخارقين الخرافيين، ظناً منهم أنها تحمل لهم آليات تحقيق العدالة والمساواة بين الناس والقضاء على الفساد والمفسدين.
لأنهم لم يفطنوا لشيء هام ألا وهو أن الديموقراطية كشجرة التفاح، لا تزرع في البلاد الحارة.

41

روي عن أحد الخلفاء العرب فيما سبق وهو يخاطب كرسي الخلافة والسلطة يقول: "لو نازعتك إحدى عيناي فيك لفقأت أحدهما"... فماذا لانزال نرجوا ممن كانوا أحفاد هذا؟

***

الشعوب من تصنع الطغاة.

البيض الملـون

كانت جدتي لأمي "الغامدية" امرأة أمية، لا تقرأ ولا تكتب، لكنها تحمل عقل الحكماء ولسان الفلاسفة، توفيت رحمها الله بعد معاناة مع مرض الزهايمر الذي أصابها في أواخر عمرها وفي أجمل مكان فيها.

إحدى قصصي معها التي لا أنساها، عندما جلست أنا وهي على فنجانين من القهوة العربي المزعفرة وأخذت أداعبها كعادتي بكثرة أسئلتي الغريبة حتى سألتها السؤال التالي: أفكر في الزواج من أخرى يا جدتي... ما رأيك؟

وبعد رشفه طويلة من فنجان قهوتها المتسامية قالت: هبْ أن لديك عدد من البيض الملون، بيضة حمراء وزرقاء وخضراء، ماذا سوف تختار منهم؟

قلت: سأختار اللون الذي يعجبني ويروق لي بالتأكيد. قالت: لو أنك اخترت جميع الألوان، ما يروق لك وما لا يعجبك حتى، ستجد أن الطعم في النهاية واحد، ولن يغير هذا الطعم اللون مهما راق لك، فأن يقتنع كل من عقلك وقلبك بأن ما اخترته وراق لك طعمه ولونه لا مثيل له، فهذه هي قمة اللذة.

أصابتني كلماتها وتشبيهاتها في جبهة عقلي! وكأني أمام "أم"
سقراط الحكيم، وكأني لم أسمع بهذا المنطق من قبل، لكن ما
يجعل الإجابة بهذا الرونق والسمو، هو أناقة المثال ورقي الطرح
وفنجان القهوة العربية المزعفر.

***

من جعلوا من أنفسهم خياراً ثانياً
لا يملكون حق الاختيار.

فقاعة الصابون المتجمدة

ترتيب أولويتنا حسب أهميتها فعل نقوم به عندما تطول قائمة ما نريد إنجازه في اليوم أو الشهر أو حتى في حياتنا، وتختلف أهمية الأولويات وآلية ترتيبها من شخص لأخر، والتي عادة تعتمد على عدة عوامل منها على سبيل المثال: العمر، الثقافة، العقل، الموروث التربوي...الخ.

فعندما نسمع أغنية هابطه مثلاً في الكلمات والمشاهد ويتداولها عدد كبير جداً من الناس، عندها نستطيع أن نكون صوره ذات أبعاد ثقافية واضحة لهذه الفئة، فالعمر والتعليم والعقل وأشياء أخرى تحدد الكثير لمعرفة السبب والدافع لهذا الفعل، في المقابل هناك صورة أخرى لفئة مختلفة عندما نجد عنوان لكتاب يتم تدواله عبر قنوات التواصل الاجتماعي من خلال مجموعة لا تتعدى عدد أصابع اليد الواحدة!

الأولويات والاهتمامات تحدد شكل ثقافة وحضارة الشعوب والأمم، وتعد الرسالة الأولى التي يبعث بها أي مجتمع للعالم.

فعندما نسافر لأي دولة نستطيع بسهولة تكوين تلك الصورة التحضرية التي ستعطينا المقدرة على أن نحكم على مجتمع هذه الدولة بشكل إجمالي وواضح وشفاف وعادل نوعاً ما...

(في أحد أنفاق القطارات في ألمانيا وضعوا حديثاً شريفاً للرسول عليه الصلاة والسلام باللغة الألمانية: "خيركم خيركم لأهله".).

فقاعة الصابون المتجمدة: عبارة عن فيديو مدته لا تزيد عن 19 ثانية، يحكي قصة حياة فقاعة صابونية تتجمد في درجة برودة (30-)، هذا الفيديو أخذ حجما أكبر من حجم الفقاعة نفسها، فنشر في أول صفحة لصحيفة إلكترونية، وتم إعادة إرساله ألاف المرات ومن قبل أشخاص يملكون أكثر من عشرين ألف متابع على "تويتر"!

هل هذا بسبب أن المُرسلة للفيديو أنثى معروف عنها كثرة الغنج الافتراضي؟!... لا أستطيع أن أجزم بذلك.

من المعروف عن العرب أن أولوياتهم متناقضة وسريعة التشكل وإعادة الترتيب في كل لحظة وبحسب ما تقتضيه المصلحة الفردية فقط.

***

إذا مرض العقل احتضرت الإنسانية.

من أقوال الفيلسوف المغمور

كل نساء العالم يحملون قلوباً من ذهب إلا ثلاث:

- خائنة.
- وكاذبة.
- ومتسلطة سليطة.

***

علمتني أمي:

- أن الأرض القاحلة لا منابت فيها.
- أن أصل الأشياء في معادنها.
- أن الخلق جذر قوي لا يمكن نزعه.
- أن الخيانة حرة.

***

المرأة:

- قبل الزواج: حقيبة فارغة.
- أثناء الزواج: حقيبة ملئت بملابس صغيرة الحجم.
- بعد الطلاق: حقيبة فخمة داخلها ملابس بالية.

***

الدموع لثلاث:

- خشية رب.
- وفراق عزيز.
- وألم جسد.

***

أحراز القلوب ثلاثة:

- ذِكر رب.
- ووفاء محب.
- وكبح غضب.

***

مقامات الحياة:

- الحب مقامه الاهتمام.
- الدين مقامه النصيحة.
- الإنسانية مقامها التراحم.
- الخلق مقامه الحياء.
- والإيمان مقامه الحكمة.

***

أمتع اللحظات في حياة الإنسان:

- أول لعبة يختارها بنفسه.
- يرى أول مولود له.
- أول أجر يتقاضاه عن عمل.

- وأول فكرة يراها محققة أمامه.

***

التقدم هو أن تصنع سيارة،

أما الحضارة فهي أسلوب قيادتك لها.

***

يحيل بين عواطفنا وواقعية حياتنا خيط رفيع لا نقوى على قطعه أو تجاوزه بحجج واهية.

***

بالرغم من شغب قلبي ورزانة عقلي

فتناقضاتي صنعت مثاليتي.

***

وراء كل رجل مبدع امرأة ملهِمة.

***

الشعوب العاطفية هي أكثر الشعوب عنفاً ودموية.

***

أدين بالشكر لهؤلاء:

الحاقدين والحساد والخونة، فقد أعطوني درساً لن أنساه، فقد أصبحت ناضجاً.

***

المرأة كالصبار،

تجذبك بزهرة واحده وحولها ألاف الأشواك.

***

سنبقى طالما للحديث بقية.

***

لن يحفظ الدين بطول اللحى وكبر العمائم،

فما حفظت يوماً الأرواح كثرة التمائم.

***

العزة بالإثم أسوأ ما يمارسه الإنسان في حق عقله.

***

لا تنهك قلبك بالمفقود

فيستصعب عليك رؤية جمال الموجود.

***

أسوأ المشاعر أن يصبح مصيرك في يد من لا يعرف قدرك،

فتنهار خطط غدِك

وتتحسر على لحظات أمسك.

***

الأمر لا يتعلق بوجهتك في الحياة،

بل باهتمامك بتفاصيل الرحلة كلها.

***

خلف كل امرأة عظيمة أب وأم عظيمين.

***

تسمي المرأة الخداع فطنة والغباء رجل!

***

الفرق بين المرأة الحمقاء والمرأة الذكية أن الأولى تعتقد أنها الثانية والثانية تظن أنها ليست الأولى.

***

أسوأ العقول عقل يرفض كل شيء و يقبل كل شيء.

***

أسوأ الأوطان، وطن تعطيه عمراً لا تعيش فيه حراً.

***

الخطأ لا يقاس بفداحة فعله بل بحجم ما خسرته.

***

الحياة اختيارات والقلوب بدائل.

***

لا يدخل عقلي إلا ما سمحت له بالدخول
ولا يدخل قلبي إلا من سمح له بالدخول.

***

لا تستنبح من كانت حرفته النباح.

***

الفراغ سم العقول.

***

من مخيبات الآمال،

شخص أخترته وفي حياتك أدخلته فأفسدها.

***

إذا لم تتعلم من أخطائك فأنت بحاجة لأخطاء أكثر.

***

الغيرة الوجه الصادق للحب.

***

الأشياء الجميلة دائماً تصل متأخرة،

فهنيئاً للمنتظرين.

***

الاعتراف بالحق فضيلة والعمل به عبادة.

***

جال في عقلها، فعاشت في قلبه.

***

أمنحني شيئاً كي أمنحك كل شيء.

***

ترك العرب التشكيك واحترفوا الشك.

فتخلفوا في العلوم وتفوقوا في استعداء العالم.

***

ما أكثر المتلفظين بالحق في بواطن الباطل.

***

إذا "باتت" الكلمة فقدت طعم معناها!

***

ترتجف الأركان وتنهار الجدران

كلما وعظت شيطانه ووعظ شيطان.

***

الذكريات تأرشف ولا تختزل!

***

عندما تجدها لا تشبه أحداً من النساء

فاعلم أن قلبك لا يرى سواها.

***

أن تقول لا أعرف فهذا من الحكمة،

وأن تقول لا أقدر فهذا من ضعف الهِمّة.

***

لا تغازل (عندما) وعينيك على (ربما).

***

ندوبنا تملك دائماً قوة تذكيرنا بأن ماضينا حقيقة.

***

اللهم كافئ بالسعادة كل من يتمناها للأخرين.

***

كلما غشيت العقول ظلمة، كلما ازداد القطيع طولاً.

***

الإنسان لا يستطيع أن ينام إلا على أذن واحده.

***

وفجأة وكما بدأ كل شيء من رحم "صدفة"

ماتت "صدفة" وكأنها لم تلد يوماً تلك الجميلة "لحظات"

***

كل شيء مباح عند محترفي فن الممكن.

***

يأتي علينا الزمن الذي نُخرج فيه كلمات لا نصدق أننا سننطقها

في يوم من الأيام.

***

أقوى الأواصر عبر توارد الخواطر.

***

إذا لا يوجد لديك ما يثير عقلي وقلبي

فأنت إذن لا تناسبني.

***

العاملين في المتاحف، أقل الناس ثقافة.

***

مهما حاولت وحاولت، فسوف يكون هناك دائماً ذلك

الشخص الذي يراك لست كافياً بالنسبة له.

***

يستطيع الناس الدخول الى الجنة،

بربع ما يبذلونه من جهد يؤدي بهم الى النار.

***

قمة الضلال أن تسحبك يد محب

نحو قصر من رمال.

***

جاهل أحمق خير من عالم خبيث.

***

حصل العرب الذين شاركوا في الأولمبياد العالمية على اللجوء
السياسي أكثر مما حصلوا عليه من ميداليات.

***

الاستمرار في محاولة نسيان شخص أحببته،
تماماً مثل محاولتك تذكر شخص لا تعرفه.

***

لله در امرء

أخطأ فاعتذر

ووعد فأبر

وحدث فأقر

وسمع فأسر

وصدَقَ فأصر.

***

فكروا مع أبنائكم لا عنهم.

55

***

عندما يحبك شخص ما،

سينطق اسمك بطريقة لم تسمعها من قبل في حياتك.

***

أكثر المجتمعات ملأً أفواهم جرأة على الخطيئة.

***

عدم أذية الغير بإرتكاب المحرم لا يبيحه.

***

لا تتعجل الأمور ففي ذلك ضياع وخسارة للمأمول.

***

أدهشها كونه يعرف شكل وأبعاد قلبها.

***

لا تقدم على اتخاذ قرار دائم

بناء على مشاعر مؤقته.

***

القلوب تبتسم قبل الشفاه أحياناً.

***

القلوب تخترق ولا تنتهك!

***

ليس هناك غداً أجمل من اليوم.

***

ألد أعداء المرأة، المرأة.

***

الرغبة في الانتقام أكثر الدوافع نقاءً!

***

روائح العقول تطغى على روائح العطور.

***

لا حُسبة على القلوب.

***

الهُراء عربي.

***

نظرية المؤامرة آفيون الشعوب العربية.

***

أشرس المعارك تلك التي لا دماء فيها.

***

السؤال جرأة.

***

عندما أموت سوف أكون أول من يخبركم بذلك.

***

ما أجبن شجاعة تمارس
من خلف الأسماء المستعارة.

***

بين صفحات الوعود والأسرار تستلقي الأكاذيب.

***

إن كنت تحب مخالطة المساكين والضعفاء

فأنت تحمل خلق الأنبياء.

***

الفلاسفة أكثر الناس شغباً في الحياة!

***

أبلغ الأقوال الصمت وأحكم الأفعال الخير.

***

الصمت أبلغ حديث قد تسمعه في حياتك!

***

القلوب كالأزهار تتجه دائماً نحو من يضيؤها.

***

وطني العزيز فكر مع شبابك لا عنهم!

***

متسولي الحب لا يملكون امتيازات الاختيار.

***

نحن شعوب تتقن فن السكوت ولا تتقن فن الصمت.

***

يُرفع العلم بكثرة الجهلاء.

***

الابتذال، للقَدْرِ إذلال.

***

من خافَ ربُّه كَمُلَ عقلُه.

***

لا أثق في أولئك الذين لا يكرهون.

***

قلبٌ فقد شريكه، هو قلب ضل طريقه.

***

الحكمة من كروية الأرض، أنه عندما نعطي الأخرين ظهورنا ونفترق، لابد أن نعود ونلتقي في نقطة ما.

***

أجمل شيئ قد نراه في حياتنا على الإطلاق، طفل يستطيع أن يقرأ ويكتب.

***

إذا هم الشوق بقتلك فدافع عن نفسك.

***

من أهان مشاعر الآخرين أهان الآخرين آثاره.

***

أصدق الناس أوضحهم مقال.

***

إذا توسد الجمال القلوب تلفحت الوجوه به.

***

ومن الملل ما يقتل الخجل.

***

نتساوى جميعاً في المقدرة على النظر نحو قمم الجبال لكننا نختلف عند تلك اللحظة التي نقرر فيها صعودها.

***

لا تدع نفسك تجبر قلبك

على استيعاب ما لا يقبله عقلك.

***

أولئك الذين يصنعون أمجادهم من العار

لن يرثوا مملكة الرب.

***

الواقعية هي التعريف الآخر للفشل.

***

لا وسطية في الحب!

***

لا تسفهوا أحلام الأخرين

فقد نكون في حاجتها يوماً ما.

***

ربي إنْ جعلتَ في قَدري شيء

فذَاك ما قدّرت وإنْ منعتْ فذاكَ ما قدّرت،

ربي فاجعل الخير في كل ما منك رجوت.

***

يبهرون الآخرين بمعرفتهم سعر كل شيء، لكنهم لا يعرفون قيمة أي شيء!

***

الإسلام أكثر رحمة وتسامحاً من أدعيائه.

***

دائما أستحضر عقلك عندما تجلس مع نفسك، فالنفس تخجل من فعلٍ مُشين في حضرة العقلِ.

***

لا شيء يفي الأم قدرها سوى الإحسان لها.

***

عندما تشعر أنك تناقص الاهتمام بنفسك

فأعلم أن هناك شخص في حياتك

بدأت تعطيه جزءًا كبيراً من هذا الاهتمام.

***

الحماس غير المتزن يصنع أرعن.

***

أنا فخور كوني لا أعرف كل شيء.

***

لا تختلط بالذين لا يكترثون فسيصيبونك بالجنون.

***

لا تقاوم فكر الجهلاء بعنف، فمقاومة الرمال المتحركة تسحبك سريعاً وعميقاً.

***

المستحيل هو كل ما لا تعرفه حتى الأن.

***

لا تبتلع ما لا تستطيع هضمه.

***

سفن الذكريات مرافئها القلوب.

***

القلوب المنهكة هي نتيجة اختيار أرواح مستهلكة.

***

بعض القلوب كرمال الصحراء

لا تمسك عطايا السماء.

***

لا تُستفتَى القلوب وهي حزينة.

***

أستمد حكمتك من أخطائك، وقوتك من أعدائك، وحرصك مِمن كانوا يوماً أصدقائك.

***

نحمل حقيبة من الذكريات، فأنظر ماذا تختار منها لتتوشحه أمام الأخرين.

***

عندما تتلاقى النظرات لن تسلم أحداها من الأخرى.

***

نجاحاتك هي أبلغ الرسائل وأسرعها وصولاً للمشككين والحاقدين.

***

الهروب خذلان والضعف استسلام.

***

اللهم لا تدخل قلبي من لم تكتبه في قدَري.

***

وسادة واحدة وحلم واحد وجسدين!

إذا لم تهتم فهناك شخص آخر سوف يقوم بذلك.

***

لا تفعل شيئاً أكثر مما ينبغي.

***

لديك مطلق حرية الاختيار بأن تكون ظلاً تابعاً أو نوراً يصنع الظلال.

***

في عصر البسكويت الهش!

نبحث دائماً عن دفئ التميس الغض.

***

قبل دخولك إلى المسجد،

اخلع كل ما له علاقة بالدنيا وضعه بجانب نعليك.

***

الشرقي خشونة رجل وليونة امرأة.

***

ينتقل الرجل إلى العالم الآخر بالنسبة للمرأة

إذا مات، أو خرج من عالمها إلى أخرى.

***

ستكتشف لاحقاً أنها مثيرة، ولكن للشفقة.

***

إن أروع الأسفار في صحبة الأخيار.

***

الإسلام دين الأذكياء فقط.

***

عَمَلٌ مُجهدْ خيرٌ من فَرَاغ مُفْسِدْ.

***

الحاملين لهموم الوطن

أكثر الناس مماطلة في إصلاحه.

***

أصلح شأنك ينصلح وطنك.

***

يعد من الظلم الأعظم ظلم المرأة لنفسها عندما خرجت عن العلاقة التكاملية مع الرجل الى التفاضلية.

***

أشرق الابتسامات تكبت أعمق الأسرار،

وأجمل العيون تذرف أحر الدموع،

وأصدق القلوب تخفي قمة الألم.

***

أن تكون مثيراً للجدل خير لك

من أن تكون مثيراً للشفقة.

***

العربي أكثر الناس اعتقادا.

***

الحب رواية عربية مملة بغلاف خلاّب.

***

أغلق أذنيك فأنت لن تستطيع إغلاق أفواه الاخرين.

***

لا تصدق أنك بحاجة لشخص في حياتك ليكمِّلك، بل أنت بحاجة الشخص الذي يتقبلك بالكامل.

***

الوفاء والإخلاص هما ضالتا الإنسان في الإنسان.

***

صنفان لا يفهمون المرأة الرجال والنساء.

***

المرأة مرآة، إذا نظر فيها القرد قد يرى قديساً!

***

القبح في النفوس والجمال في الأرواح.

***

الحيوانات لا تشعر بالملل.

***

الحركة علم والجهل سكون.

***

لولا الضمير لفعلنا ما لا نندم عليه.

***

أعيننا تفضحنا وقلوبنا تشي بنا.

***

أعلم الناس بالضلال هم المضِّلِين.

***

66

الوقت إما تكسبه صديقاً أو تصنع منه عدواً.

***

وطن بلا أرصفة من أين له بالمشاة.

***

العربي هو ذلك المخلوق المضطهد من قبل عقله.

***

المرأة في مجتمعنا مثل نبتة الخشخاش، كلها حرام.

***

كن مستعداً دائما، فالحياة مستعدة لك منذ ولادتك.

***

إذا كنت تخطط لتكون في المستقبل عظيماً؟
فتخير من الأن تلك التي سوف تقف خلفك.

***

أرقى معايير الجمال،
أن تبتسم حتى وإن لم يراك أحد.

***

نحن دائماً أجمل في حضور من نحب.

***

دائما ثق في حدسك الأول فهو دائما الأصدق.

***

وهل يغض البصر في الغرف المظلمة؟

***

السعادة اختيار وليست نتيجة.

***

و إذا غُلِّقت الأبواب إلاّ باباً محرّما،

تذكر ومن يتقِ الله يجعل له مخرجا.

***

عندما تبدأ سبر أعماق نفسك ستلتقي بالكثير من الوحوش أثناء هذه الرحلة... فحاول مصادقتهم ولا تستعديهم إن أردت العودة.

***

أحد أسباب تراجع شعبية العرب واستعداؤهم الآخر والضعف المعرفي، كونهم يمارسون الشك وليس التشكيك.

***

إلى ماذا تحتاج هذه الأمة لتنهض!

سوى منبه بصوت إنسان يصرخ وهو يحترق.

***

كل يوم يتعاظم فيه شأنك ستتضاءل فيه قدرتك.

***

لا تخشوا رحيلهم ولا تحزنوا للفقد،

فالرب أعلم بالخير فلو كان فيهم لأبقاهم.

***

مهما وقفت الذبابة على قطرات العسل،

فلن تصبح نحلة.

***

بساتين الغيرة لا ظلال فيها.

***

الآذان تسمع والعقول تصغي.

***

قد نسامح حتى نتخلص من وخز الضمير،

لكننا بكل تأكيد لن ننسى.

***

لا يمكنك إجبار أحد أن يقع في حبك،

ولكن يمكنك فقط تحسين إحتمالات ذلك.

***

من عاش حياته ليراه الناس، مات في الظلام.

***

من السخف أن يحفر الإنسان اسمه في حجر ليُعرف به بعد مماته.

***

أصحاب الأحذية الضيقة

لن يعرفوا مقدار اتساع هذه الدنيا.

***

الفلاسفة أكثر الناس شغباً في الحياة.

***

ليكن لديك الشجاعة لتعيش وتتعايش،
فيمكن لأي شخص أن يموت.

***

أحيانا نكون في حاجة للقيام بفعل سيئ
ليمنعنا عن القيام بفعل أسوأ.

***

تصحيح الأخطاء أصعب من فعلها.

***

المرأة الهادئة لن تصنع فيلسوفاً.

***

لن تصبح ناضجاً إذا لم تمر في حياتك امرأة واحده سيئة.

***

حيث لا تنمو الزهور لا تشرق الشمس.

***

من يرفض الحقيقة طوعاً سيتجرعها غصباً.

***

عندما تقتنع أنك لا تملك كل الإجابات،
تأكد أنك ستطرح الأسئلة الصحيحة.

***

المخاطرة حياة جديدة.

***

عندما يمارسوا فضيلة واحده

يشعرون أنهم من الآلهة

وودوا لو ألقوا كل أصحاب الرذائل في الجحيم.

***

القلوب المميزة كأحجار الماس،

لا نستطيع أن نصنعها لكننا نعثر عليها.

***

أنا الحياة فوق قمم جبال الوجود،

ألامس السماء تحت جنان الخلود.

***

لن تجد سجيناً يقول يحيا العدل.

***

العزلة جنة الفلاسفة.

***

أكثر الناس تلفظاً عن الفضيلة أقلهم تطبيقاً لها.

***

المعرفة مثل المطر عندما ينقطع يتصحر العقل.

***

71

أسوأ الناس أولئك الذين يعيشون حياة الإنكار.

***

التراجع عن بعض قراراتك دلالة على أن هناك حوار

موضوعي يدور بينك وبين عقلك.

***

إذا تفلتت البدايات أوجعت النهايات.

***

الاعتراف بالحق فضيلة والعمل به عبادة.

***

الجهل إرث أثقل كاهل الجهلاء،

فلا هم وضعوه ولا هم نظروا فيما يحملون!

***

اذا جعلت من نفسك جداراً قصيراً

تقافزك الصعاليك.

***

أكثر ما يعذب الخونة رائحتهم التي لا تختفي.

***

بعض القلوب كالنوافذ

تحمل غبارها على الجانب الآخر.

***

بين التسامح والخنوع جاهل لا يفرق بينهما.

***

من الحمق أن تسمع بأذن واحده.

***

من رحم خيبات الآمال يولد الأمل.

***

لأن أضع بسمة على وجوه الأخرين

خير من أن أبتسم في وجوه حزينة.

***

تسعدنا دائماً الأشياء ذات الأحجام الصغيرة.

***

يحاول الشيطان دائماً إخفاء قرنيه

أمام من لا يعرفونه.

***

أبشع أنواع الوحدة عندما تشعر بها وأنت مع الآخرين.

***

خياراتك ستحدد شكل وأبعاد ووزن ورائحة وطعم حياتك.

***

من يمثل على قلبك لا محاله سيُمثل به.

***

القلم الذي لا يقوى على التغيير هو قلم صنع من شجرة نبتت في قصر مسؤول.

***

الغدر كالمطر لن تموت قبل أن يصيبك.

***

عندما تُقال الحقيقة ستجعل من كل شيء آخر يبدو كذبة.

***

أولى عواراتك التي سيراها الناس
وأنت بكامل ملابسك هي ''عقلك''.

***

خدعوك فقالوا لك كل شيء همساً لتصدقهم.

***

إذا أحلامك لا تحققها فماذا بقي لك منها سوى النوم؟

***

الفرق بين الشاب والمراهق أن الأول يحمل عقلا نشطاً والثاني يعاني فقط من فرط الحركة.

***

أحياناً نضع تشكيل لكلمات الآخرين في عقولنا حتى نفهمها خطأ.

***

آفة العلم مُدّعِيه.

***

الأمم نوعان أمة تحلم فتستيقظ لتحقق أحلامها، وأمة تبحث عن من يفسرها لها.

***

عندما تقرر أن تأخذ منعطفاً حاداً في حياتك

لا تنسى ربط حزام الآمان.

***

الفضيلة شجرة جذرها في الأرض ورأسها في السماء، والرذيلة فأس مقبضه من الخشب أيضاً.

الخمور أنواع أثمنها تلك التي لا تسكر.

***

هناك طريقتان للإفهام

إما بالكلام وإما بالصمت التام.

***

إذا تكرر عدم فهم الناس لما تقول ولاحظت أن أقوالك لها مدلولات مختلفة لديهم،

فاعلم أن المشكلة تكمن فيما تضمر ولا تعني.

***

الحقيقة نوعان حقيقة كريهة وحقيقة مُرّه،

الأولى عندما تكتشفها وحدك

والثانية عندما يؤكدها لك الأخرون.

***

طريق العودة يبدأ بالوداع دائماً.

***

كلام العالم رؤيا وصمته حكمه،

وكلام الجاهل مفسدة وصمته نعمة.

***

الدعوات غير المستجابة من أعظم هبات الرب.

***

لم يبهرني يوماً جمال امرأة بقدر ما يدهشني عقلها.

***

كمال الاستشارة بالاستخارة،

فالأولى رأي عبد والثانية فضل رب.

***

إذا كنت ممن يرضى بالقليل دائما

فأنت بحاجة لتعلم العد.

***

عندما تتمرد المرأة

تفرز المجتمعات أجيالاً من القراصنة.

***

الشعوب المستهلكة ستموت

وهي في حقول القمح.

***

النبع الملوث مصدره، لا يشرب منه وإن صفى أخره.

***

على فلسطين أن تتحرر من العرب أولاً.

***

بعبع الجهلاء (المرأة والكتاب).

***

ترك الجاهل بجهله من أسمى الأمور أحياناً

***

أكثر أعضاء العربي استخداماً هي حنجرته.

***

الشعوب اللامعرفية هي أكثر الشعوب إنحطاطاً فكرياً وعرضة لإستمراض عقولها وإنحراف ذراريها.

***

إذا لا ترى زوجتك أجمل النساء، فهي ليست كذلك.

*** *** ***

إصدارات الكاتب